CATALOGUE

DES

Tableaux Anciens

COMPOSANT LA

Collection de feu M. Félix BOUGON

de CHARLEVILLE

et

TABLEAUX appartenant à divers

DONT LA VENTE AURA LIEU

HOTEL DROUOT, SALLE N° 6

Le Jeudi 19 février 1903

à deux heures et demie

EXPOSITION PUBLIQUE : le Mercredi 18 Février

de une heure et demie à cinq heures et demie

Mᵉ Lair DUBREUIL	M. Henri HARO
COMMISSAIRE-PRISEUR	PEINTRE-EXPERT
6, rue du Hanovre, 6	14, rue Visconti et rue Bonaparte, 20

1903

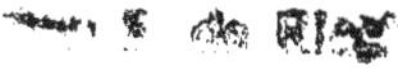

CE CATALOGUE SE DISTRIBUE

A PARIS, CHEZ

Mᵉ Lair DUBREUIL COMMISSAIRE-PRISEUR 6, rue du Hanovre, 6	M. Henri HARO PEINTRE-EXPERT 14, rue Visconti et rue Bonaparte, 20

CONDITIONS DE LA VENTE

Elle sera faite au comptant.

Les acquéreurs payeront ***dix pour cent*** en plus du prix d'adjudication.

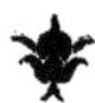

19 Février 1903.

VENTE
du 19 Février 1903
HOTEL DROUOT
Salle n° 6, à 2 h. 1/2

COLLECTION

de feu

M. Félix BOUGON

de CHARLEVILLE

COMMISSAIRE-PRISEUR
Me Lair DUBREUIL

EXPERT
M. Henri HARO

TABLEAUX

APSHOVEN

1 — La Vacherie.

T. — H., 0^{m},42. L., 0^{m}.60.

BOURDON (Sébastien)

2 — Les Rameaux ; Jésus entrant à Jérusalem.

T. — H. 0^{m},57. L., 0^{m},74.

BRUANDET

3 — Paysage ; Sous bois.

T. — H., 0^{m},46. L., 0^{m},55.

CERQUOZZI

4 — Nature morte.

T. — H., 1^{m},05. L., 1^{m},44.

ÉCOLE ESPAGNOLE

5 — Saint Jean-Baptiste.

B. — H., 0m,59. L., 0m,42.

ÉCOLE FRANÇAISE

6 — Le Dessinateur. Portrait.

T. — H., 0m,64. L., 0m,49.

ÉCOLE HOLLANDAISE

7 — Paysage avec animaux.

Au premier plan, paissent des bœufs et des moutons; plus loin, à l'ombre d'un bouquet d'arbres, on aperçoit des chaumières.

Sur la droite, un pont de bois traverse une petite rivière, cotoyée par une prairie, une habitation et un petit bois.

B. — H., 0m,59. L., 0m,77.

8 — Marine.

T. — H., 0m,44. L., 1m,60.

9 — Le Jugement dernier.

B. — H., 0m,68. L., 0m,65.

ÉCOLE HOLLANDAISE

10 — La Cascade.

T. — H., 0m,82. L., 0m,54.

ÉCOLE ITALIENNE

11 — Moïse, recevant les ordres de Dieu, avant le frappement du rocher.

T. — H., 0m,39. L., 0m,47.

12 — Saint Jean-Baptiste.

B. — H., 0m,89. L., 0m,73.

13 — Mise au tombeau.

B. — H., 0m,47. L., 0m,74.

ÉCOLE DE SIENNE

14 — Vierge et l'Enfant Jésus.

B. — H., 0m,41. L., 0m,31.

ÉCOLE VÉNITIENNE

15 — Mariage mystique de Sainte Catherine.

121 —

Cadre bois sculpté.

T. — H., 0m,40. L., 0m,51.

FRANCK

16 — Adoration des Mages.

C. — H., 0^{m},69. L., 0^{m},52.

GIORDANO (Lucas)

17 — La Vierge et l'Enfant.

T. — H., 1^{m},06. L., 0^{m},84.

18 — Saint Joseph et l'Enfant.

T. — H., 1^{m},06. L., 0^{m},84.

GOSSAERT (*dit* Jean de Mabuse)

(?)

19 — La Vierge et l'Enfant Jésus.

Assis sur une table, l'Enfant Jésus est soutenu par sa mère; près de lui des cerises et un vase contenant une branche de lys. A gauche, par la fenêtre ouverte, on aperçoit dans un paysage la fuite en Égypte.

T. — H., 0^{m},78. L., 0^{m},58.

GRIFF

20 — Gibier mort.

T. — H., 0^{m},65. L., 0^{m},46.

21 — **Oiseaux morts.**

T. — H., 0^{m},65. L., 0^{m},46.

GRIMOUX

22 — Le vieux Chasseur.

Il est assis près d'une table sur laquelle on voit une perdrix et une bouteille ; il tient de la main droite un verre, et de la gauche il désigne un objet.

T. — H., 0^{m},61. L., 0^{m},48.

GUIDO (Reni)

(Attribué à)

23 — La Vierge au livre.

T. — H., 0^{m},72. L., 0^{m},55.

LINGELBACH

(Attribué à)

24 — Paysage avec figures et animaux.

T. — H., 0^{m},40. L., 0^{m},52.

MURILLO

(?)

25 — **Saint François de Paule.**

Le saint homme debout, les yeux levés vers le ciel, est représenté dans l'attitude de l'extase; d'une main il tient le rosaire, et par la position de l'autre qui est étendue ouverte, il semble prier le Très Haut. Dans la partie droite, vers le haut du tableau, et dans un point lumineux, on lit l'éloge du saint, résumé par le mot latin (*Charitas*).

Ce tableau a fait partie de la vente de M. Aguado, marquis de Las Marismas, le 12 mars 1843, catalogué MURILLO, sous le numéro 70.

T. — H., 1^{m},15. L., 1^{m},00.

MURILLO

(Attribué à)

26 — **Saint François en extase.**

T. — H., 0^{m},44. L., 0^{m},30.

MURILLO

(École de)

27 — **Adoration des bergers.**

T. — H., 0^{m},32. L., 0^{m},50.

RIGAUD (Hyacinthe)

(Attribué à)

28 — Portrait de Dame de qualité.

T. — H., 0m,65. L., 0m,57.

RUYSDAEL (Salomon)

29 — Paysage ; La Cascade.

B. — H., 0m,35. L., 0m,52.

RUYSDAEL (Jacques)

(?)

30 — Le Torrent.

Monogramme à droite.

T. — H., 0m,45. L., 0m,40.

STEENWICK

31 — Intérieur d'Eglise.

B. — H., 0m,49. L., 0m,74.

*

SCHŒVAERDTS (Mathieu)

32 — Marché aux Poissons.

Signé en bas et à gauche.

T. — H., 0m,41. L., 0m,60.

TÉNIERS (David)

33 — Les Joueurs de boules.

Des paysans jouent aux boules ; plus loin, les maisons du village et un petit bois.

B. — H., 0m,41. L., 0m,70.

VAN DYCK

(École de)

34 — Portrait d'un Chevalier de Malte.

T. — H., 1m,10. L., 1m,03.

VAN GOYEN

35 — Paysage ; bords de la Meuse.

Au premier plan, des barques chargées de personnages gagnent la rive que l'on voit sur la droite, surmontée d'un bouquet d'arbres ; à gauche, le fleuve, sillonné de plusieurs embarcations.

B. — H., 0m,43. L., 0m,61.

WOUWERMAN

(Attribué à)

36 — Le Bain.

T. — H., 0m,39. L., 0m,48.

37 — Sous ce numéro seront vendus les tableaux non catalogués.

TABLEAUX ANCIENS

APPARTENANT A DIVERS

BERCHEM

38 — La Cascade; Paysage, figures et animaux.

T. — H., 0^{m},82. L., 0^{m},68.

BOILLY

39 — Pastel.

Signé à droite.

BOTH

40 — Vue prise en Italie; effet de soleil couchant.

Signé à droite.

T. — H., 0^{m},57. L., 0^{m},49.

BREUGHEL

41 — L'Adoration des Mages : effet de neige.

Signé à droite 1607.

B. — H., 0^{m},38. L., 0^{m},56.

CHARDIN

(Attribué à)

42 — Nature morte.

T. — H., 0^{m},72. L., 0^{m},90.

DAVID (Louis)

43 — Esquisse du rideau de théâtre de Chantereine.

Au pied du Parnasse sont groupés : auteurs, poètes et musiciens.

Exposition universelle de 1900, sous le n° 198 du catalogue.

B. — H., 0^{m},47. L., 0^{m},59.

DE MARNE

44 — L'Attaque de la Diligence.

B. — H., 0^{m},31. L., 0^{m},24.

45 — Pendant du précédent.

B. — H., 0^{m},31. L., 0^{m},24.

DUGHET (Gaspard)

46 — La Cascade; Paysage d'Italie.

T. — H., 0^{m},60. L., 0^{m},73.

ÉCOLE DE BRUGES

47 — Le Calvaire.

Au pied de la croix, Madeleine est agenouillée.

D'un côté est la Vierge, ayant près d'elle le Donateur et ses fils. De l'autre côté saint Jean, la Donatrice et ses filles.

B. — H., 0^{m},73. L., 0^{m},72.

ÉCOLE FLAMANDE

48 — Intérieur de Cabaret.

B. — H., 0^{m},35. L., 0^{m},28.

49 — Adoration des Mages.

B. — H., 0^{m},39. L., 0^{m},28.

50 — Les Saints Évêques.

B. — H., 0^{m},75. L., 0^{m},82.

ÉCOLE FRANÇAISE

51 — La Lutte.

B. — H., 0^{m},75. L., 0^{m},70.

ÉCOLE FRANÇAISE

52 — La Réconciliation.

B. — H., 0m,75. L., 0m,70.

53 — La Gloire s'apprêtant à écrire l'histoire de Louis XIV.

Forme ovale; cadre bois sculpté.

T. — H., 1m,00. L., 0m,81.

54 — Le Déjeuner champêtre.

B. — H., 0m,42. L., 0m,63.

55 — L'Amour et Psyché.

Sanguine.

56 — La Femme au Portrait.

Elle est représentée à mi-corps, la robe légèrement décolletée, et a jeté un châle sur ses épaules.

Elle tient de la main droite un portrait-médaillon.

T. — H., 0m,60. L., 0m,51.

57 — Tête de Femme.

T. — H., 0m,18. L., 0m,15.

58 — Portrait de Fillette.

T. — H., 0m,59. L., 0m,49.

59 — Le petit Poussin.

T. — H., 0m,21. L., 0m,16.

ÉCOLE ITALIENNE

(XVe SIÈCLE)

60 — Vierge et Enfant Jésus.

Cadre bois sculpté.

B. — H., 0m,40. L., 0m,34.

FRAGONARD

61 — La continence de Scipion.

Esquisse.

T. — H., 0m,46. L., 0m,39.

FRANCK

62 — La Réconciliation.

B. — H., 0m,55. L., 1m,12.

GREUZE

(?)

63 — Les derniers moments du Grand-Père.

T. — H., 0m,63. L., 0m,79.

LAGRENÉE

64 — La Femme à la Colombe.

Forme ovale.

T. — H., 0m,81. L., 0m,61.

LAGRENÉE

65 — Danaé.

T. — H., 0^{m},54. L., 0^{m},45.

LONGHI (Pierre)

66 — La Danse.

T. — H., 0^{m},85. L., 0^{m},67.

MARINUS

(Attribué à)

67 — Saint Jérôme.

Assis près d'une table, saint Gérôme consulte un livre saint et a la main gauche appuyée sur une tête de mort; près de lui, un chandelier, un sablier, des livres et différents accessoires; à droite, par la fenêtre ouverte, on aperçoit la campagne et l'entrée d'une ville.

B. — H., 0^{m},72. L., 1^{m},14.

MEMLING

(École de)

68 — Le Christ montrant ses plaies à la Vierge et à Saint Jean.

B. — H., 0^{m},205 12. L., 0^{m},14

MIGNARD

(?)

69 — Portrait de Femme.

Forme ovale.

T. — H., 0m,69. L., 0m,57.

MIGNARD

(École de)

70 — Portrait de Dame de qualité.

Forme ovale, cadre bois sculpté.

T. — H., 0m,35. L., 0m,29.

PATENIER

71 — Saint Jérôme en prière.

Dans un beau paysage montagneux où serpente une rivière, on voit le saint à genoux au pied de la croix, se frappant la poitrine. Son lion est assis près de lui.

A gauche, au second plan, un château fort est aux pieds de collines surmontées de rochers pittoresques.

A droite, deux cigognes entrent dans l'eau; un petit pont traverse la rivière, qui va, serpentant, se perdre au loin.

Dans le fond, un petit bois et les montagnes bleuâtres, qui se détachent sur un ciel nuageux.

Intéressant et précieux tableau.

B. — H., 0m,56. L., 0m,81.

POELENBURG

72 — Le Bain de Diane.

B. — H., 0^{m},27. L., 0^{m},34.

RAPHAEL

(École de)

73 — La Vierge, l'Enfant Jésus et saint Jean-Baptiste.

T. — H., 0^{m},91. L., 0^{m},70.

TÉNIERS

(École de)

74 — Le vieux Galant.

B. — H., 0^{m},30. L., 0^{m},24.

TIÉPOLO

75 — L'Inspiration.

T. — H., 0^{m},77. L., 0^{m},61.

10448. — Lib.-Imp. réunies, rue Saint-Benoit, 7, Paris.

www.ingramcontent.com/pod-product-compliance
Ingram Content Group UK Ltd.
Pitfield, Milton Keynes, MK11 3LW, UK
UKHW022150260726
13993UKWH00005B/2277

9 782329 506371